허드슨 테일러의 유산_**매일 묵상집** · **4**

영원한 오늘의 지도자

Hudson Taylor's Legacy
Daily Readings
4. The Ever-present Leader

Selected and Edited by Marshall Broomhall

허드슨 테일러의 유산_매일 묵상집 · 4

영원한 오늘의 지도자

The Ever-Present Leader

엮은이 마셜 브룸홀 · 옮긴이 최태희

이 도서의 국립중앙도서관 출판예정도서목록(CIP)은 서지정보유통지원시스템
홈페이지(http://seoji.nl.go.kr)와 국가자료공동목록시스템(http://www.nl.go.
kr/kolisnet)에서 이용하실 수 있습니다. (CIP제어번호 : CIP2014021146)

허드슨 테일러의 유산_매일 묵상집 · 4

영원한 오늘의 지도자

1판 1쇄 발행 2014년 7월 20일

엮은이 마셜 브룸홀
옮긴이 최태희
표지디자인 권승린
본문디자인 최인경

발행처 로뎀북스
발행인 최태희
등록 2012년 6월 13일 (제331-2012-000007호)
주소 부산광역시 남구 황령대로 319번가길 190-6, 101-2102
전화 · 팩스 051-467-8983
이메일 rodembooks@naver.com

ISBN 978-89-98012-15-1 04230
ISBN 978-89-98012-9-0 (세트)

목차

영원한 오늘의 지도자
The Ever-present Leader

예수 그리스도는 어제나 오늘이나
영원토록 동일하시니라.
(히브리서 13:8)

Jesus Christ is the same yesterday,
today, and for ever.
(Hebrews 13:8)

    여기에서 계속되는 일련의 단어들이 주는 부요함과 적합성은 놀라운 경외감마저 들게 한다. 참으로 적절한 말씀이다. 얼핏 보면 체계가 서지 않는 문장 같은데 생각의 연속성이 완벽하다. 7절에서 '하나님의 말씀을 너희에게 일러 주고 너희를 인도하던 자들을 생각하라'고 하고, 9절에서는 '여러 가지 다른 교훈에 끌리지 말라'고 타이른다. 한편으로 과거의 믿음을 본받아 거룩한 전통에 서 있으라고 명령하면서 다른 한 편으로는 변화와 실험의 요구가 따르는 변혁에 대처하라는 것이다. 바로 그 두 가지 극단의 사이에 위대한 외침이 있는 것이다. 즉, '예수 그리스도는 어제나 오늘이나, 정말로 영원토록 동일하시니라.'는 그러한 상황에 충분히 대처할 수 있는 유일한 말씀이다.

과거가 아무리 좋았어도 과거로서는 충분하지 않다.

다시 말하지만 과거는 현재를 위해서 충분하지 않은 것처럼, 미래를 위해서도 충족하게 해주지 못하는 것이다. 환경은 변하고 세월은 흐른다. 이전의 지도자들이 아무리 경건했어도 여기에 있는 우리들을 구원해 주지 못할 것이다.

히브리인들에게 보낸 이 위대한 편지는 이전 은혜는 무상한 것이지만, 반면에 그리스도와 그분께서 다 이루신 일은 절대적으로 영원한 것임을 대조적으로 보여준다. 그것은 어느 시대에나 합당한 메시지이다.

예수 그리스도께서 어제처럼 오늘도 동일한 분이시라는 중요한 진리를 우리는 생명과 같이 붙들고 있는가? 그리스도를 '육체대로' 아는 것만 해도 말로 다할 수 없는 특권이다. 그러나 그것으로는 불충분하다. 그분께는 측량할 수 없이 위대하신 면이 있다. 당시의 팔레스틴과 우리 시대 사이에 존재하는 수많은 다른 점은 그분이 변함없이 임재해 계신다는 사실 앞에서 대수롭지 않은 것이 되어 버린다. 주님은 어느 시대를 막론하고 위대하신 동시대 분이시다. 내일의 주님이신 것 같이 어제의 주님이시고 어제의 주님이신 것 같이 오늘날의 주님이기도 하신 것이다.

우리는 어떠한가? 정말 주님이 지금 우리와 함께 계신 것 같이 살고 행동하고 생각하는가? 주께서 우리와 함께 계신 것을 믿지 않으면 우리가 마땅히 되어야 하는 모습이 될 수가 없다. 그분은 친히 말씀하셨다. '결코 너희를 떠나거나 버리지 않으리라.' 주님은 바울과 함께 하셨던 것처럼, 허드슨 테일러와 함께 해 주셨던 것처럼 동일하게 언제나 변함없는 그리스도로 우리와 함께 계신다.

허드슨 테일러의 삶과 메시지에 있는 영원한 가치는 바로 이것이다. 과거에 허드슨 테일러와 함께 해 주셨던 예수 그리스도는 오늘날 우리에게도 동일한 분이시라는 것이다.

후견인 되신 하나님의 돌보심 1일

GOD'S GUARDIAN CARE

주는 나의 목자시니 내가 부족함이 없으리로다.

(시편 23:1)

The Lord is my Shepherd; I shall not want.

(Psalm 23:1)

당신의 자녀들이 아무런 염려 없이 사는 것이 하나님 아버지의 뜻이다. '아무 것도 염려하지 말라'는 말씀은 '도적질 하지 말라.'는 요구와 같이 명백한 것이다. 그러나 우리가 이 명령을 따를 수 있으려면 언제나 변함없이 우리를 돌보시는 그분의 염려를 알고 있어야 한다. 그리고 그분의 지도를 따라서 '모든 일에 기도와 간구로 너희 구할 것을 감사함으로 하나님께 아뢰어야' 한다.

복된 이 확신이 주는 위로는 하나님의 모든 자녀에게 주신 행복한 분깃이다. 해외에서 수고하는 우리 사역자들에게 와 마찬가지로 본국의 친구나 후원자들에게도 해당되는 말씀이다.

성경에 주로 직설법이 사용된 것을 볼 때 많이 위로가 된다. 예를 들어, 오늘 시편 말씀은 4절에서만 가정법이 사용되었다. 우리가 소원할 수 있는 모든 명백함과 확신이 적극적인 긍정의 직설법으로 전달되고 있다. 즉 격려의 말씀이 '주는 나의 목자시니'에서와 같이 현재 시제로 주어지거나 '내가 부족함이 없으리로다.'에서 쓰이는 동사와 같이 현재의 사실을 근거로 약속하고 있는 것이다.

하나님이 자기 이름을 위하여, 그리고 자신의 영광을 위하여 우리의 목자가 되어 주시고 우리에게 필요한 것을 전부 공급해 주신다고 보증해 주신 것을 기억하면 격려가 된다. 야위고 말라빠진 양들이 사지에 상처를 입고 털이 망가져 있다고 해도 목자의 돌보심 아래 들어오면 된다. 그런데 우리가 의지적으로 그분에게서 떠나고 그분의 보호 아래에서 편안히 머물러 있지 않으려고 고집하지만 않는다면 우리는 그러한 운명을 두려워할 필요가 없다.

'주는 (현재) 나의 목자이시다.' '이었다'나 '일 것이다' 또는 '될 것이다'라고 하지 않으셨다. '주는 나의 목자이시다.' 주일에도 월요일에도 일주일 내내 계속 나의 목자이신 것이다. 1월에도 12월에도 일 년 내내 그 어느 달에도 주는 나의 목자이시며, 집에서나 중국에서, 평화로울 때나 전쟁 중에도 나의 목자이시다. 풍족할 때나 빈궁할 때도 나의 목자이시다. 이 진리를 기뻐하며 살자.

memo

사역 중의 안식

REST IN SERVICE

그가 나를 푸른 초장에 누이시며

잔잔한 물가로 인도하시는도다.

(시편 23:2)

He maketh me to lie down in pastures of green grass;

He leadeth me beside the water of quietness.

(Psalm 23:2)

얼마나 위로가 되고 평온하게 해 주는 말씀인지! 우리는 사랑의 능력으로 살아 있는 이 말씀을 읽으면 피곤하고 지친 영혼에 안도감이 밀려온다. 부드러운 초장과 졸졸 흐르는 시냇물을 언급한 것 자체에서 우리 마음은 새로워진다.

'주'라는 1절의 첫 단어는 시편 전체로 들어가는 열쇠로서 완전히 파악하기만 하면 삶 자체를 찬송으로 만드는 비결이 될 것이다. 바로 이 2절에서도 그러하다. 각 절을 시작하는 '그'라는 단어는 소중한 말씀에 감미로움과 능력을 더

해 준다.

하나님께서 주신 이 말씀을 더 오래 묵상하면 할수록 우리에게 그 의미가 더 살아나고 더 잘 적용이 되는 것 같다. 누이신다는 말은 단순한 쉼에 더하여 만족함까지 포함하는 기분 좋은 쉼을 연상하게 한다. 배가 고파 만족하지 못하는 양에게는 눕는 것이 아니라 먹을 것이 필요하다. 그런데 보라! '그분이 나를 누이시는 것이다.' 얼마나 소중하고 깊이 있는 말씀인가! 너무 피곤하여 누울 수도 없는 상태가 어떤 것인지 우리는 모두 너무도 잘 알고 있다. 안절부절하여 쉼이 필요한데도 쉬지 못하는 경우가 있지 않은가? 그러나 주께서 잔잔하게 해 주시는데 누가 휘저을 수 있는가? 그분이 우리를 눕게 해 주시는데 누가 우리에게 고통을 주며 괴롭히겠는가?

그런데 불같은 시험이 우리를 위협하면서 태워버릴 기세로 오는 것은 무엇인가? 아, 그 때에도 우리의 목자께서는 일하고 계신다. 중국에는 목초가 울창하여 메마르고 거칠며 해충으로 들끓고 있는 곳이 많아서 위험의 원인이 되는 경우가 흔하다. 그때 목자는 언덕에 불을 놓아서 양떼들을 안전한 곳으로 인도하여 데리고 간다. 얼마나 아름다운 광경인지 모른다. 또 장면이 바뀌어 폭우가 쏟아지고 나면, 마치 마법과도 같이 고요해지면서 아름다운 초록빛 식물이 언덕과 골짜기를 카펫처럼 덮는다. 불로 태우는 것이나 폭우가 쏟아지는 것이 불필요한 것이 아니었다. 그 결과, 부드럽고 고요한 아름다움과 풍성한 비옥함이 오는 것이다.

그러나 믿음은 볼 필요가 없는 것이다. 폭우가 불어치는 동안에도 축복을 확신하며 미리 보고 기뻐할 수 있는 것이다.

하나님의 은혜로우신 인도

내 영혼을 소생시키시고

자기 이름을 위하여 의의 길로 인도하시는도다.

(시편 23:3)

He restoreth my soul;

He leadeth me in the paths of righteousness

for His name's sake.

(Psalm 23:3)

여기에 '소생시킨다'라고 표현된 말은 의기소침하여 침울한 상태나 극도로 피곤하여 기진맥진한 상태에서 회복되는 것을 의미한다. 시편 19편 7절에서는 같은 단어가 '여호와의 율법은 완전하여 영혼을 소성시킨다 (바꾼다, 개심시킨다)'로 쓰이고 있다. 영혼이 재앙으로 침울하거나 사역으로 지칠 때 기운 찬 분위기로 회복시킨다는 것이다.

이렇게 보면 이 구절은 가장 위로가 되는 두 가지를 생각하게 해 준다.

17

(1) 사역이 절박할 때 필요한 새로운 힘과 은혜를 공급해주고, 성도의 기쁨을 새롭게 해준다.

(2) 바른 길로 안내하고 인도해 준다. 이 이상으로 격려가 되는 확신은 없을 것이다.

그리고 이 두 가지 격려의 근거와 연결되어 우리는 또 하나의 은혜로운 확신을 하는데, 주께서 당신의 이름을 위하여 그렇게 하신다는 것이다. 그분의 사역은 고생스럽게 노예처럼 일하여 그 안에 관계된 사람들의 삶과 기쁨을 말라버리게 하는 것이 아니다. 그것은 그분의 영광을 위한 것이 아니다. 대신에 주의 백성들은 언제나 그분을 위한 사역은 자유로운 사역이며 주님의 기쁨이 그들의 힘이라는 것이 말로 하지 않아도 그 얼굴에 무의식 가운데 나타나야 한다. 주님은 당신의 백성들을 의의 길로 인도하시고 그들 안에서 그리고 그들을 통하여 언제나 당신의 위대하신 이름을 영화롭게 하시는 것이 나타나보여야 한다. 주께서 당신을 바라는 우리에게 그분의 이름을 위하여, 그분의 명예를 걸고, 당신의 힘을 소생하게 해 주실 것이라고 깨닫는 큰 기쁨을 주시기 바란다. 그분은 무오한 능력으로 우리의 순례 길을 인도하실 것이며 우리 안에서 그분을 영화롭게 하시고는 마침내 우리를 그분의 영광의 자리에까지 안전하게 인도해 주실 것이다.

기도하는 사람들이나 본국에 있는 사람들, 그리고 해외에서 수고하는 사람들은 모두 연합되어 있다. 그 연합된 역량 안에서 이 소중한 말씀이 전달하려고 하는 확신 가운데 온전한 위로를 받게 되기를 빈다.

하나님의 위로

DIVINE COMFORTS

내가 사망의 음침한 골짜기로 다닐지라도

해를 두려워하지 않을 것은 주께서 나와 함께 하심이라

주의 지팡이와 막대기가 나를 안위하시나이다.

(시편 23:4)

Yea, though I walk through the valley of the shadow of death,

I will fear no evil: for thou art with me;

thy rod and thy staff they comfort me.

(Psalm 23:4)

선하신 목자! – 오, 얼마나 좋은 말인지! 우리 목자 되신 우리 주님! 우리가 보아온 대로 그분과 그분의 방법은 모두 확실하고 뚜렷하여 직설법으로 표현되었다. 그리고 당장 언제나 해당이 되기 때문에 영원한 현재 시제였다. 그런데 우리는 왜 주님과 그분의 영광스러운 불변성에서부터 눈을 돌려 쉽게 변화무쌍한 자신이나 가정법, 그리고 '만일'과 '그렇다고 해도'와 '아마'와 같은 것을 생각하는 경향이 있는가?

'(만일) 내가 사망의 음침한 골짜기로 다닐지라도'에 유일하게 가정법 시제가 사용되었다. '내가 골짜기로 다닐 것인데'라고 하지 않았다. 아마도 살아계시고 사랑이 많으신 하늘의 그분과 우리가 현재 나누고 있는 교제가 금방 그리고 갑자기 그분의 나타나심의 영광에 삼켜버렸기 때문일지도 모르겠다. 만일 그렇지 않다면 무엇인가? 어두운 곳에 남겨져 두려워 떨 것인가? 어두움의 세력과 싸워야 하는데 아무런 도움 없이 혼자 남아 있겠는가? '내가 해를 두려워하지 않을 것은 주께서 나와 함께 하심이라.' '주께서 나와 함께 하심이라.' 여기에는 가정법이 없다. '주의 지팡이와 막대기 –목자직의 상징–가 양의 안전보장이 되어주는 도구로 내 곁에 있는 것이다.

어떤 때 마음이 두려워질 때면 이 목자의 상징을 징벌하는 막대기로 받아들인다. 그러나 성경에는 목자와 그의 양떼, 법의 제정자와 그의 백성 사이를 징벌하는 막대기로 연관 짓는 경우는 한 군데도 없다. 모세의 지팡이는 바로 앞에서 하나님의 대적에게 심판을 가져온 상징으로 사용되었지 이스라엘을 징계하는 것이 아니었다. 그 지팡이로 홍해를 가르고 백성을 구원했으며 다시 그것으로 물을 합쳐서 애굽의 군대를 완전히 파멸시켰다. 우리는 하나님께 목자의 지팡이를 주신 것에 감사해야 할 것이다.

목자의 막대기는 더욱 부드럽고 감동적인 것이다. 그것은 우리의 연약함을 체휼하시기 위하여 친히 순례자가 되어주신 분에 대해서 말해 준다. '주의 지팡이와 막대기가 나를 안위하시나이다.'

memo

5일   왕이 공급해 주시는 것들

ROYAL SUPPLIES

주께서 내 원수의 목전에서 내게 상을 차려 주시고
기름을 내 머리에 부으셨으니 내 잔이 넘치나이다.

(시편 23:5)

Thou preparest a table before me

in the presence of mine enemies:

thou anointest my head with oil;

my cup runneth over.

(Psalm 23:5)

좋은 목자가 양떼를 데리고 가는 부드러운 초장이 유쾌하고 생기 있게 흐르는 개울물이 상쾌하기는 하지만, 신자가 받는 은혜와 미덕 중에는 더욱 엄격한 학교에서 개발될 필요가 있는 것들이 있다. 진정한 제자라면 그의 스승처럼 온전해져야 할 것이며 시험을 당할 때 정금이 되어 나와야 할 것이다.

그렇지만 심지어 전투의 훈련이라고 해도 전부 고통스러울 것이라고 가정하는 것은 큰 잘못일 것이다. 승리의 기쁨은 믿음으로 얻는 기쁨보다 더 위대한 것이 아니다. 살아계신 하나님 안에서 안식하며 그분 자신을 기뻐하는 믿음, 싸움이 시작되기 전에도 승리했을 때와 마찬가지로 그분께 영광 돌리는 믿음이 더 훌륭한 것이다.

'주께서 내 원수의 목전에서 내게 상을 차려 주시고' 갈렙과 여호수아가 두려워할 만한 적군 앞에서 '저들은 우리의 밥이다. 그들의 보호자는 저들을 떠났다.'고 의기양양하게 선포했을 때, 그 마음속에 기쁨이 없었겠는가? 요나단이 대적들 앞에서 '주의 구원은 사람의 많고 적음에 달려 있지 않다'고 외쳤을 때 걱정하고 있었겠는가? '이 할례 받지 못한 블레셋이 누구이길래 살아계신 하나님의 군대를 모욕하는가?'고 말했던 다윗의 감정은 어떠했겠는가? 여호사밧 때처럼 만군의 주 하나님의 군대가 전쟁에 앞서 먼저 나갈 때가 자주 있다. 군대 앞에서 찬양대가 주의 자비는 영원하다고 찬양하며 가는 것이다. 하나님의 백성은 그러한 전쟁이 끝날 때면 풍성한 전리품을 거둔다.

이 시편에서 우리가 놓칠 수 없는 것은 전반부보다 후반부에 언급된 축복이 훨씬 더 풍성하다는 사실이다. 진정한 하나님의 위로가 빛을 보는 것은 어두움의 골짜기를 지날 때이다.

그런데 이것이 전부가 아니다. 싸움이 끝나고 어두움이 물

러가면 전리품은 영원하고 그로 인해 얻는 유익도 영원히 지
속된다.

memo

한 없는 축복
UNLIMITED BLESSING

내 평생에 선하심과 인자하심이 반드시 나를 따르리니

내가 여호와의 집에 영원히 살리로다.

(시편 23:6)

Surely goodness and mercy shall follow me all the days of my life:

and I will dwell in the house of the LORD for ever.

(Psalm 23:6)

이것은 주 여호와로 시작된 시편의 마지막으로 꼭 맞는 구절이다. 그분이 마땅히 계셔야 할 자리는 맨 처음과 맨 위이고 그분의 이름도 언제나 우리의 가슴과 삶 속에 큰 대문자로 인쇄되어 있어야 한다. 그 사실을 꼭 염두에 두자. 그 외에 우리와 관련된 다른 모든 것은 작은 것으로 따라오게 하자. 그러면 우리 삶의 사역에 영광이 깃들기 시작할 것이고, 시간이 지나면서 더욱 복되고 성공적이 될 것이며, 결국 마지막에는 승리로 끝날 것이다.

그리스도인에게 그러한 격려와 도움이 있는데도 불구하고 상대적으로 삶에서는 실패감을 느끼고 그렇게 고백할 때가 많은 것은 어찌된 일인가? 그것은 우리가 그분을 실제로는 우리의 주님으로서 최우선적으로 우리를 다스리도록 해드리지 않은 잘못 때문이 아닌가?

실제로는 주님보다 우리 자신, 우리의 관심, 우리 가족이 먼저이다. 일생의 계획이나 기쁨, 아니면 우리에게 소중한 흥미나 즐거움이 방해 받지 않는 한에서 그분을 주님으로 섬기고 있지 않는가? 만일 이런 경우라면 참된 안식이나 완전한 행복은 있을 수가 없다.

이 아름다운 시편에 부합되는 삶은 전혀 다른 것이다. 주님이 우선이시고 주님이 소유주이시다. 다스리는 분, 공급자, 안내자이시다. 그래서 부족함이나 실패의 두려움 같은 것은 모두 사라진다.

우리는 주님의 인도를 받아 부드러운 초장에 눕고 잔잔한 물가로 간다. 지치고 피곤할 때 새롭게 회복되어서 그 이름을 위하여 의의 길로 인도를 받는다. 어두운 시련의 길에서 믿음이 증명되고 인정을 받고 있는가? 주님의 것임을 의식하고 해를 두려워하지 않으면서 그분이 인도하시는 곳으로 안전하게 따라간다. 그분의 지팡이와 막대기가 우리와 함께 있어 우리의 위로가 되신다. 주님은 원수의 목전에서 우리에게 왕가의 잔칫상을 베풀어 주신다. 우리의 평생에 그런 대우를 받는다. 그리고 마지막이 되면 거할 곳이 많은 아버지 집, 주님의 집에 영원히 거할 것이다.

임금과 구주

PRINCE AND SAVIOUR

이스라엘에게 회개함과 죄 사함을 주시려고

그를 오른손으로 높이사 임금과 구주로 삼으셨느니라.

(사도행전 5:31)

Him hath God exalted with his right hand

to be a Prince and a Saviour,

for to give repentance to Israel, and forgiveness of sins.

(Acts 5:31)

위에 인용된 말씀은 그리스도께서 부활하신 후 하나님이 어떤 직위에 그분을 올려 두셨는지를 보여준다. 그 순서를 잘 유의해 보자. 구주를 받아들인다고 하면 임금도 받아들여야 한다. 많은 사람들이 자기가 구원을 받았다고 하면서도 회심하지 않은 채로 남아 있다. 자기 자신이나 자기의 의지, 자기의 모든 것을 하나님 앞에서 포기하지 않는다. 그래서 반 밖에 구원 받지 못하는데 이 세상의 삶에서 임금을 인정하지 않으니 결과적으로 시험의 때가 왔을 때 그를 구원해 줄 사실

상의 구원자가 없는 것이다. 마치 어린 아기가 걸음마를 배우려고 하는 그림을 보는 것과도 같다. 기어 다닐 수는 있는데 아직 걷지 못해서 비틀거리며 쓰러지는 것이다. 왕이 없는 삶도 마찬가지이다. 오, 왕을 거역하면 따르는 대가가 있는 것이다. 탕자가 아버지 집에는 좋은 옷과 살진 소가 있는데도 굶어 죽을 지경이고 누더기를 입고 있는 것이다. 하나님이 다스리는 나라 안에는 안식이 있고 평화와 기쁨이 있으며 열매와 능력이 있다.

독자의 상태도 그러한가? 맡아 있는 일에서 성공하고 있는가? 드리는 기도마다 응답되고 있는가? 아침마다 두렵지 않고 밤마다 감사의 찬송을 부르는가? 비록 단조의 경우도 있기는 하지만 그래도 노래하고 있는가? 집안 식구가 당신이 집에서 하는 일에서 천국의 증거를 보고 있는가? 옷장 안도 그분이 다스리고 있는가? 방문객이 당신의 집에서 천국을 느끼며 감동하는가? 아니면 다른 것이 있는가? 아주 작은 어떤 것, 그것만은 내놓을 수 없는 것이 있는가?

기억하라, 당신이 그러한 것을 하나만 손 안에 쥐고 있어도, 그것이 아무리 사소한 것일지라도, 그것은 주님을 주와 주인의 왕좌에서 내려오시게 하는 것이다. '나는 이분이 나를 다스리도록 하지 않겠다.'는 의미인 것이다. 당신이 그분의 뜻을 따라서 살려고 한다면 그분이 왕이 되시는 것을 매우 기뻐할 것이고 당신의 약함과 실패를 모두 그분께 드리고 대신에 그분의 모든 충만하심을 받아들일 것이다. 당신은 '너희는 온 천하에 다니며 만민에게 복음을 전파하라'고 말씀하시는 주님을 왕으로 대우해 드리고 있는가?

memo

평화의 왕

THE PRINCE OF PEACE

그의 이름은 기묘자라, 모사라, 전능하신 하나님이라,

영존하시는 아버지라, 평강의 왕이라 할 것임이라.

(이사야 9:6)

his name shall be called Wonderful, Counsellor,

The mighty God, The everlasting Father, The Prince of Peace.

(Isaiah 9:6)

이사야의 예언에서 우리 주님에게 붙여진 직함 중에 '기묘자'가 있고 또 '모사'가 있다. 한 번역판에는 그 둘을 합하여 '놀라우신 조언자'라고 되어 있다. 그분은 진정으로 놀랍게 조언을 해주시고 사역에도 탁월하시다. 우리가 고안하거나 실행할 수 있는 것과는 매우 다른 방법으로 그분은 당신의 백성을 사역하는 가운데 훈련하셔서 유업을 얻기에 합당한 빛의 성도가 되도록 만드신다. 그들이 그렇게 갖추어지면, 마지막 손질이 끝나 세련된 모습을 얻게 되면, 우리는 그들이 우리 곁에 머물기를 간절히 바라지만 그분은 그들을 위에 있는 천국으로 데려 가신다.

우리는 그분이 우리에게 무엇을 준비시키고 계신지 모르기 때문에 그분이 우리를 다루시는 것에 대해서 많은 부분 이해할 수가 없다. 그래도 우리는 더 나은 일을 할 수가 있는데, 그것은 그분을 신뢰하는 일이다. 그러한 믿음은 하나님의 뜻에 단순히 그저 순종하는 것이 아니라 그것을 크게 기뻐한다. 살과 피가 부서지는 때에라도 기대를 가지고 현재 노래할 수 있는 승리의 믿음인 것이다. '우리 예수님이 모든 일을 다 잘 이루셨다.' 고 우리는 모두 함께 노래할 것이다.

앞서 언급한 이사야서에서는 기묘이고 모사이신 그분의 어깨에 정사가 메었고 그 이름은 평화의 왕이라고도 불린다고 예언한다. 그리고 '그 정사와 평강의 더함이 무궁하다.'고 한다. 우선 그분 자신을 우리 앞에 모시고 온다. 그리고 그분의 다스림과 그 다스림의 결과, 즉 영원한 평화를 이야기한다. 우리에게 평화가 부족한 것은 그분을 마음을 다해 받아들이는 것이 결핍되어 있고, 그분이 다스리시는 정사에 협력하거나 잠잠히 따르지 않을 때인 경우가 많다.

그렇지만 그 정사는 거칠거나 독재적인 것이 아니다. 제왕의 홀을 쥔 손은 십자가에 찢긴 손이고 그 어깨는 우리 한 사람 한 사람에게 안식을 주기 위하여 먼저 친히 무거운 십자가를 진 어깨이다.

주님은 크신 사랑으로 그렇게 심한 대가를 치르고 우리를 구속하셨고 그 흘리신 피값으로 우리를 당신 소유 삼으셨다. 그러한 주님께서 다스리는 것을 믿으니 안전하지 않은가?

memo

어디서?

WHENCE?

> 광야에 있어 우리가 어디서
>
> 이런 무리가 배부를 만큼 떡을 얻으리이까?
>
> (마태복음 15:33)
>
> *Whence should we have so much bread in the wilderness,*
>
> *as to fill so great a multitude?*
>
> *(Matthew 15:33)*

이 이야기는 맨 처음부터 복되신 우리 주님을 우리에게 모셔와서 이야기가 진행되는 동안 내내 우리 앞에 머물러 계시게 한다. '예수께서 제자들을 부르셔서' 제자들이 예수님이 느끼시는 동정심과 긍휼을 함께 느끼도록 그들 마음을 여셨다. '내가 무리를 불쌍히 여기노라. 길에서 기진할까 하여 굶겨 보내지 못하겠노라.' 바로 이것이 우리에게 꼭 필요한 것이다. 우리는 사랑하는 우리 주께서 당신 가까이로 이끌어 주셔서, 친히 느끼시는 심정을 우리에게 열어보이시기를 소원한다.

그 다음은 주의 제자들이 주님이 가장 위대한 일을 행하실 때 그 도구로 사용되는 이야기로 진행이 된다. 주께서는 무슨 일이든 제자들을 제쳐 놓고 혼자 하려고 하지 않으신다. 우리도 일을 할 때 다른 사람들과 관계없이 따로 혼자 하지 않아야겠다는 교훈을 받는다. 주께서 우리에게 하라고 주신 일을 하기 위해서 우리가 얼마나 가까이 엮어 있어야 하는지!

그리고 다음 이야기는 우리 앞에 무리가 있다는 것이다. 대단히 큰 무리여서 제자들 생각에 그들에게 먹을 것을 충분히 주는 일은 불가능했다. 대단히 큰 무리였던 그 일이 나는 매우 기쁘다. 우리는 수학적인 생각을 하기가 쉽다. 그런데 우리 주님이 계시는 곳에서는 무리가 얼마나 많은지는 아무런 상관이 없다. 차라리 물질이 적은 것이 많은 것보다 더 낫다는 생각을 할 때가 많다. 하나님의 손이 적은 것을 배가시킬 수 있기 때문이다. 하나님께서 우리에게 주신 것이면 충분하다. 그것이 우리에게 필요한 전부이다. 그 이상 필요한 것이 아니다. 많이 공급받는 것이 문제가 아니라 주님께서 그곳에 계신가 하는 것만이 문제인 것이다.

주님의 방법을 살펴보자. 사람들을 어떻게 먹게 했는가? 그리스도와 그분의 제자들이 함께 행동을 했다. 주님은 그들이 가진 것을 전부 요구하셨다. 그들은 기꺼이 가진 것을 전부 내어놓았다. 그리고 주저하지 않고 그분이 지시하시는 대로 따랐다. 그곳에 인색한 산술가가 있었다면 먼저 계산을 했을 것이다. 빵이 몇 개가 있는지는 문제가 아니었다. 그저 완전히 성별해서 드리면 되었다. 우리 사역을 멈추자. 우리의 생각, 계획, 우리 자신, 우리의 사랑하는 사람들, 우리의 영향력을 전부 바로 그분의 손에 드리자. 그러면 걱정할 것이 아무 것도 남아 있지 않을 것이다. 그분의 손 안에 있으면 모든 것이 안전하고, 모든 일이 이루어진다. 그리고 그 일이 매우 잘 될 것이다.

memo

하나님의 축복

THE BLESSING OF GOD

여호와께서 모세에게 말씀하여 이르시되,

아론과 그의 아들들에게 말하여 이르기를

너희는 이스라엘 자손을 위하여 이렇게 축복하여--

그들은 이같이 내 이름으로 이스라엘 자손에게 축복할지니

내가 그들에게 복을 주리라.

(민수기 6:22-27)

And the LORD spake unto Moses, saying,

Speak unto Aaron and unto his sons, saying,

On this wise ye shall bless the children of Israel,

- And they shall put my name upon the children of Israel,

and I will bless them.

(Numbers 6:22-27)

우리는 민수기 6장 말씀의 결론에서 하나님의 말씀 전체 중에서도 가장 풍성한 축도의 형태를 본다. 그런데 왜 여기에 이 말씀이 있는가? 하는 의문이 자연스럽게 떠오른다. 대답은 두 가지이다. 하나님 편의 대답이 있다. 사랑이 많으신 하

나님의 마음에 우선 나실인으로 헌신하는 사람들의 특권이 있었고 그들에게 풍성한 축도라는 성스러운 행동을 하게 하였다. 인간의 편에서 보면 온전히 성별된 영혼은 언제나 하나님의 축복을 받는다는 사실을 교훈으로 받을 수 있다. 그 축복을 받아 누리지 않는 곳에는 언제나 그 헌신에 무언가 부족하고 진실성이 결여되어 있다.

자기 뜻으로 무언가를 해보려고 하다가 슬픔과 염려로 가득하게 나날을 지내는 그리스도인들이 얼마나 많이 있는지 모른다. 자신을 지키려고 하지만 뜻대로 되지 않고 행복하려고 하는데 불행할 때가 많으며 성공하려고 하는데 실패를 한다. 그러나 하나님은 자신과 자기가 가진 모든 것을 하나님께 드리는 사람들에게 당신의 축복을 기쁘게 나누어 주신다. 하나님께서 구하지도 않았는데 자발적으로 축복하시는 것을 보라. 주께서는 아론과 그의 자손들에게 명령하여 이스라엘을 축복하라고 하시며 그분의 이름을 그들에게 두라고 하셨다. 그리고 변개할 수 없는 그분의 계획을 선포하셨다. '내가 그들에게 복을 주리라.'

무엇이 '복'인가? 그 참 뜻이 무엇인가? 우리는 그 단어를 너무 막연하게 사용하여 그 소중한 의미를 많이 잃고 있다. 송축과 동의어로 쓸 때도 있지만 복은 송축이 아니다. 하나님이 우리에게 복을 주시기 때문이다. 어떤 때는 은혜로운 선물이라는 의미로 사용하기도 한다. 그런데 복은 선물을 뜻하지 않는다. 복이란 애정과 만족감을 주는 대상을 향하여 마음이 움직이는 것이다. 그 마음에서 나가는 것에 자연스럽게 선물이나 송영이 따른다. 우리 마음이 노래로 주를 송축할 때, 그 송축은 노래에 있는 것이 아니라 노래를 나오게 하는 감정에 있다. 주께서 당신의 백성에게 평안과 풍성함으로 축복하실 때 그분의 사랑의 손을 움직이는 것은 그분의 마음인 것이다.

memo

아버지의 축복

THE BLESSING OF THE FATHER

여호와는 네게 복을 주시고 너를 지키시기를 원하며

여호와는 그의 얼굴을 네게 비추사 은혜 베푸시기를 원하며

여호와는 그 얼굴을 네게로 향하여 드사

평강 주시기를 원하노라.

(민수기 6:24-26)

The LORD bless thee, and keep thee:

The LORD make his face shine upon thee,

and be gracious unto thee:

The LORD lift up his countenance upon thee,

and give thee peace.

(Numbers 6:24-26)

더 충분히 계시된 신약의 말씀까지 있으니 우리는 이 3중 축도가 아버지와 아들과 성령이 축복하시는 것임을 놓칠 수 없다. 그렇게 읽으면 또 얼마나 이 말씀이 더 아름답고 적합한 것인지를 이해한다. 우선 아버지가 하시는 축복을 살펴

보자.

아버지의 축복을 묵상할 때 '주께서 너를 지키시고 복주시기를' 라는 말씀보다 더 적합한 축복은 없을 것이다. 자녀를 사랑하는 아버지라면 그 자녀를 위해서 바로 이렇게 지켜 주고 복을 주려고 하지 않겠는가? 그 일을 마지못해서가 아니라 대단히 기쁜 마음으로 그렇게 할 것이다. 그 책임을 벗겨 주고 그의 아이를 입양하겠다고 제안해 보라. 그에게서 어떤 대답이 나오겠는가? 아버지의 사랑만이 아니다. 자녀를 사랑하는 어머니의 사랑까지 생각해 보라. '주께서 말하노라. 그 어미가 자식을 위로함 같이 내가 너희를 위로할 것이다.' 어머니가 자기 품안의 아기에게 얼마나 아낌없이 그 사랑을 쏟아부으며 기뻐하는가? 어머니는 결코 지치지 않는 인내와 끈기로, 그 끝을 모르는 사랑으로 아기를 위해 자신의 생명을 희생한다. 그 어머니의 사랑이 아무리 강하다고 해도 못 미칠 때가 있지만 하나님의 사랑은 결코 그런 적이 없으시다.

우리 구주의 사명 가운데에는 그리스도 예수 안에서 하나님이 우리 아버지이신 것을 계시하시는 사명도 있었다. 산상수훈을 보면 주께서 얼마나 기쁘게 이 소중한 진리를 드러내 보이셨는지 알 수 있다.

그리고 그분은 얼마나 영광스러운 아버지이신지! 참된 부성애와 모성애의 총 근원이신 아버지이시다. 인간의 모든 선함과 온유함, 사랑의 총체는 태양 앞의 한 방울 이슬에 지나지 않는다. 또 얼마나 안전한지! 이 땅의 부모는 사랑을 한다고 하여도 지켜주고 축복할 힘은 없다. '여호와께서 네게 복을 주시고 너를 지켜 주시기를…' 이것은 각 개인에게 주시는 축복이다. 그리고 일시적인 것이나 영적인 형태를 모두 포함하는 축복이다.

memo

아들의 축복

THE BLESSING OF THE SON

여호와는 네게 복을 주시고 너를 지키시기를 원하며

여호와는 그의 얼굴을 네게 비추사 은혜 베푸시기를 원하며

여호와는 그 얼굴을 네게로 향하여 드사

평강 주시기를 원하노라.

(민수기 6:24-26)

The LORD bless thee, and keep thee:

The LORD make his face shine upon thee,

and be gracious unto thee:

The LORD lift up his countenance upon thee,

and give thee peace.

(Numbers 6:24-26)

이제 두 번째로 아들의 축복을 생각해 보자. 때가 차매 영원하신 하나님의 아들께서 사람의 아들이 되셨다. 그분은 아버지의 사랑을 말과 함께 삶으로 드러내 보이려고 오셨다. 그분에게서 이루어진 사역의 표본들을 일일이 열거하자면 시

간이 모자랄 것이다.

'주께서 그의 얼굴 네게 비추시기 원한다.' 아마도 인간의 몸 중에서 가장 놀라운 지체는 얼굴일 것이다. 하나님은 어떤 얼굴도 완전히 똑 같이 만들지 않으셨다. 가만히 있을 때에도 그렇지만, 가끔 친한 친구 사이에 매우 닮은 사람이 상대방의 표정을 흉내내도 쉽사리 구별을 한다. 왜 그런가? 그것은 하나님께서 얼굴에 개인의 성격과 감정이 나타나도록 맞추어 만드셨기 때문이다. 그리고 하나님께서는 그리스도의 심정이 당신의 백성들에게 나타나도록 해야겠다는 목적을 가지고 계셨다. 하나님의 뜻은 '예수 그리스도의 얼굴에 있는 하나님을 아는 영광의 빛'이 우리에게 나타나도록 하는 것이었다.

얼굴에 빛이 비추일 때 우리는 그곳에 용서 이상의 것이 있음을 안다. 그곳에는 은혜가 있다. '당신의 얼굴 빛을 우리에게 비추어주시면 우리가 구원을 받겠나이다.' 은혜를 덧입은 제자 몇 명이 변화산상에서 빛나는 주님의 얼굴을 목도하였을 때 그 기이함에 얼마나 놀랐겠는가? 그분의 얼굴이 해처럼 빛났다고 하였다. 대표적인 순교자 스데반에게도 주님은 하늘 문을 여시고 당신 얼굴을 비추어 주셨다. 주님을 본 스데반은 주님과 같은 모습으로 변했고 죽는 자리에서도 십자가의 주님이 하신 말씀과 같은 말을 하였다. 마찬가지로 사울이 대낮에 본 부활하신 주님의 영광은 해보다 더 밝은 빛 속에 있었다. 그 날 본 광경으로 그의 전 생애가 달라졌다. 그렇게 주께서 그 얼굴빛을 당신의 백성에게 비추어 주시면 그곳에는 도덕적인 변화가 있고 그분의 모습으로 닮아 변화해 가는 역사가 있다.

memo

성령의 축복

THE BLESSING OF THE SPIRIT

여호와는 네게 복을 주시고 너를 지키시기를 원하며

여호와는 그의 얼굴을 네게 비추사 은혜 베푸시기를 원하며

여호와는 그 얼굴을 네게로 향하여 드사

평강 주시기를 원하노라.

(민수기 6:24-26)

The LORD bless thee, and keep thee:

The LORD make his face shine upon thee,

and be gracious unto thee:

The LORD lift up his countenance upon thee,

and give thee peace.

(Numbers 6:24-26)

성령의 축복은 축도의 완성에 꼭 필요한 것이다. 그런데 앞서 언급한 축복과 닮아 있는 것에 놀라움을 느낀다. 아들이 아버지를 계시하러 오신 것과 같이 성령은 아들을 계시하러 오셨다는 유사성이 놀랍지 않은가? 그리스도가 진정한 위로

자이셨듯이 성령도 아버지께서 그리스도의 이름으로 보내어 영원히 교회와 함께 거하게 해주신 다른 위로자이시다. 그리스도는 내주하시는 구제주이시고, 성령은 내주하시는 위로자이시다. 그리스도께서 그 얼굴을 비추시는 사람은 누구든지 틀림없이 성령께서도 그 얼굴을 향하여 드신다.

'그리고 당신에게 평화를 주신다.' 우리는 이 축복을 실제로 받아 즐기고 있는가? 그분이 고요하게 하시면 아무도 시끄럽게 할 수 없는 것을 경험하고 있는가? 그렇지 못하다면 왜그런가?

'내가 주는 물을 먹는 자마다 결코 목마르지 아니하리라.'는 말씀에서 받는 축복을 우리는 결코 잊지 못한다. 그리스도께서 하시는 말씀은 한 단어 한 단어가 말씀하신 그대로이다. '결코'는 말 그대로 결코인 것이다. 그 선물을 받아들였을 때 우리 마음에 기쁨이 차고 넘쳤다. 오, 우리를 주저앉게 만들었던 그 목마름, 그러나 오, 목말랐던 날들이 모두 영원히 지나갔기 때문에 주님을 찬양하면서 자리에서 일어나던 기쁨이 있었다. 주께서는 계속 말씀하신다. '내가 주는 물은 그 속에서 영생하도록 솟아나는 샘물이 되리라.' 아마도 그리스도께서 하신 말씀 전체를 주목해 보는 것이 좋겠다. '마시는 자마다' 라는 말씀은 한 번 마시는 것이 아니라 습관적으로 계속해서 마시는 것이다. '그 속에서 영생하도록 솟아나는 샘물이 되리라'고 약속하신 후에 이렇게 끝내신다. '이는 믿는 자의 받을 성령에 대하여 하신 말씀이라.' 즉 계속 믿는 자는 받게 되어 있다. 그리고 '너에게 평강을 주신다.' -그것은 우리 각자를 위한 것이다. 독자가 모두 바로 지금 그 선물을 받기를 바란다.

하나님의 이름

GOD'S NAME

그들은 이같이 내 이름으로 이스라엘 자손에게 축복할지니
내가 그들에게 복을 주리라.

(민수기 6:27)

And they shall put My Name upon the children of Israel;

and I will bless them.

(Numbers 6:27)

하나님께서 자신의 백성에게 축복을 내리시는 목적을 이렇게 계시하셨다. '내 이름이 이스라엘 백성에게 있게 하기 위해서' – 다른 말로 하면 그 축복이 그들로 하여금 하나님의 백성이 되도록 하기 위해서라는 것이다.

옛날에는 이름이 성격이나 관계를 묘사하는 의미를 지니고 있었다. 하나님의 다양한 이름은 모두 매우 중요하고 성경에 보면 언제나 의도적으로 사용되고 있다. 이것을 깨닫지 못하면 영적으로 잘 모르는 사람들은 구약의 글을 다른 저자들

이 쓴 글들을 더 편집해 모은 것이라고 생각한다. 그래서 다른 연관 속에서 다르게 사용된 하나님의 다양한 이름이 얼마나 적절한지 그 아름다운 모습을 놓치고 만다.

여호와의 이름을 세 번 씩이나 반복하시는 것은 삼위일체이신 하나님께서 구속하신 백성과 은혜로운 관계를 맺고 계심을 계시하는 것이다. 또한 이 관계 안에서 그분은 변하지 않는 분으로 어제나 오늘이나 영원토록 동일한 분이심을 우리에게 상기시킨다.

이스라엘은 이전이나 지금이나 세상에 있는 하나님의 증인이다. 늘 불신앙 가운데 있으면서도 그들이 구별된 민족으로 존재하는 자체가 예언의 진실성을 증거하는 움직이지 않는 기적이다. 우리는 현재 그리스도의 이름으로 불리는 그리스도인─즉 하나님의 자녀이다.

그래서 우리 주인의 증인이 되어야 하는 사람들이다. 이 본문 말씀은 우리 주께서 당신의 백성에게 모든 족속을 제자로 삼아 아버지와 아들과 성령의 이름으로 세례를 주라고 하신 명령과 재미있는 대비가 된다.

'내가 그들에게 복을 주리라.'는 말씀은 축복을 받는 백성들에게 뿐 아니라 그 말씀을 선포하는 아론과 그의 아들들에게도 격려가 된다. 그 축복 전에는 명령이 있었고 그 다음에 약속을 해주셨다. 우리 주님께서 제자들에게 마지막 명령

을 하실 때 '볼지어다. 내가 항상 너희와 함께 하리라.'고 확
신과 약속을 주신 것과 마찬가지이다. 왕이 하시는 말씀에는
능력이 있다.

memo
- -
- -
- -
- -
- -
- -
- -
- -
- -
- -
- -
- -

영원의 빛 가운데

IN THE LIGHT OF ETERNITY

1854년 누이 아멜리아에게 쓴 편지

From a letter to his sister Amelia, dated Sept. 1854

하나님께 감사하자. 그분의 임재 앞에 언제나 다가갈 수 있고 특별히 가까이까지 나아갈 수 있으며, 필요할 때마다 그분의 도우심을 구할 수 있으니 말이다. 우리에게도 시련이 면제되는 것이 아니고, 어떤 것은 매우 고통스럽고 감당하기 어려운 것도 있다. 그러나 만일 한 명이라도 영원히 죽지 않는 그 한 영혼이 어두움의 세력에서 구원 받아 그리스도의 품 안으로 돌아오는 일에 내가 도구가 된다면 나는 충분히 보상을 받았다고 느낄 것이다. 한 사람 뿐 아니라 많은 영혼이 내가 전하는 하나님의 말씀을 통해서 의의 길로 돌아 올 것을 나는 믿는다.

너도 이것을 유사한 고난에 대한 충분한 보상으로 생각해 주지 않겠니? 하나님을 섬기는 일에 자신을 드린다는 것이 무슨 의미인지 너 자신 기꺼이 배우면 좋겠다. 자신을 하나님께서 받으실만한 거룩한 산 제물로 드리면서 그것이 네가 드리는 합당한 봉사라고 여겨주기를 바란다. 마태복음 28:19, 20절의 명령을 따라서 예수님을 위하여 사랑하는 친구들과 조국을 떠나는 것으로 아버지와 어머니, 형제자매, 그리고 집과 토지보다 예수님을 더 사랑함을 증명해 보일 수 있겠니? 그러면 중국에서 와서 도와달라고 하는 마게도니아인의 외침을 듣고 와서 도와주기 바란다. 수백 만 중국인이 경고를 받지 못하고 배우지 못하며 도움을 받지 못하고 멸망해 가도록 내버려 두고 평안히 네가 가진 특권을 누리며 좋아할 수 있겠니? 이 문제를 은혜의 보좌 앞에 가지고 가서 영원의 빛 안에서 그 주제의 무게를 생각해 보기 바란다.

오! 우리가 기독교의 축복을 다른 사람에게 전할 수만 있다면 세상에서 누리는 것이 건강과 평화이든, 안락함과 행복이든, 심지어 생명까지도 기쁘게 드릴 수 있어야겠다. 주님의 일에 전심으로 힘쓰는 일보다 행복을 찾을 수 있는 더 확실한 방법이 없고, 다른 이에게 복음을 전하기 위해 애쓰는 일보다 더 틀림없이 우리에게 축복이 더해지는 길은 없다. 그리고 이 것은 행복을 얻는 방법일 뿐 아니라 그 자체가 우리가 누릴 수 있는 가장 순수하고 큰 기쁨인 것이다.

오! 중국을 위해서 설득력 있게 간구할 힘을 주시기를… 이 백성의 상황을 강력하게 그려낼 수 있는 힘을 주시기를…

세미하고 고요한 음성

THE STILL SMALL VOICE

1855년 7월 사별한 아저씨에게 쓴 편지

From a letter, dated July 1855, to a bereaved uncle

이 세상에서 좋아하는 것과 사랑하는 사람들이 모두 3만 km나 떨어져 있는 것이 매우 고통스럽게 느껴질 때가 있습니다. 그런데 아마도 제가 있는 위치 덕분에 어느 정도는 아저씨의 입장에 더욱 진심어린 공감을 할 수 있는 것 같습니다. 여기에서는 사회나 우정, 그리고 사랑하는 사람들의 도움을 박탈당하는 것이 어떤 의미인지 잘 느낄 수 있기 때문입니다. 특히 외롭고 고독한 제 위치 덕분에 아저씨께서 틀림없이 경험하고 계실 쓸쓸함이 어떤 것인지 저도 느낄 수 있습니다.

사랑하는 아저씨, 아저씨께서도 틀림없이 깊은 물을 지나가실 때 주께서 함께 하시고, 그 용광로를 통과해 가실 때 그분이 버려두지 않으심을 발견하셨겠지요. '약속하신 분이 미쁘시'니까요. 우리 마음이 소중하던 것을 잃고 피를 흘리고 있을 때, 주위는 온통 우울하고 어두우며 세상이 너무도 황량

하게 여겨질 때, 그리고 영혼은 슬픔에 잠겨 안식을 갈망하고 있을 때, 보통 바로 그 때 '세미하고 고요한 음성'이 부드럽게 녹아들며 속삭입니다. '내가 너의 분깃이고 큰 상급이니라.' 또 그때가 바로 변하지 않고 결코 없어지지 않는 분깃에 감사할 수 있을 때입니다.

하나님의 사랑은 얼마나 헤아리기 어려운지요? 참으로 그분의 길은 찾지 못합니다. 얼마나 많은 그분의 섭리가 이스라엘과 애굽 사이에 있던 구름과 같은지요? 믿지 않는 사람들이 바라볼 때는 그저 어두운 구름일 뿐이지만 주님의 백성된 특권의 눈으로 바라보면 그것은 더 이상 어두움이 아니라 빛이고 안전입니다. 이것이 아저씨의 경험이 되시기를 빕니다. 상처를 내신 손이 치료의 약을 발라주시는 것을 느끼시기를 빕니다. 그리고 아저씨의 마음을 텅 비게 하신 주님께서 그 빈 공간을 친히 그분의 임재로 채워주시기를 빕니다.

사랑하는 사람들의 죽음이 얼마나 고통스러운지요! 저는 오늘 아침 작은 중국인 모임에서 요한복음 3:16절을 설교하다가 이러한 생각에 매우 감동이 되었습니다. 하나님께서는 우리를 이처럼 사랑하셔서 우리가 영원한 축복을 유산으로 받을 수 있도록 당신의 하나 밖에 없는 아들을 아끼지 않으셨습니다.

탕자

THE PRODIGAL SON

1855년 믿음에서 떠난 사람에게 보낸 편지

From a letter to a backslider, dated 1855

우리가 함께 지냈던 지난날이 매우 생생하게 기억에 떠오르네요. 함께 했던 공부반 모임, 함께 참석했던 기도회, 종교적인 주제로 함께 나누었던 대화, 그리고 피아노 곁에 둘러서서 가졌던 모임들이 너무도 생생하게 생각이 나서 북받치는 감정을 어떻게 표현하지 못하겠습니다.

은혜의 보좌에 있던 당신을 잊지 못합니다. 당신이 무리를 떠나 방황하는 것을 보며 안타까웠던 적이 많이 있었지요. 그렇지만 당신이 그리스도의 교회를 이 거친 광야에서 참되고 유일한 우리임을 발견하고 우리와 함께 하던 날들을 하나님께 감사드립니다. 그때는 모든 것이 자유롭고 안전했으며 기쁘고 평화로웠지요. 이스라엘의 온유하신 목자께서 당신을 잔잔한 물가로 인도하셨지요. 당신은 가장 좋은 친구를 떠나 방황하지만 그분은 끊임없이 당신을 돌보고 계십니다. 그분은 당신을 따라가 당신이 있는 위치가 어디인지 느끼게 해주시고 사랑하시기 때문에 계속해서 복된 것들을 공급해 주시고 의식하지 못할 때에도 악에서 지켜주고 계십니다.

다시 돌아오세요. 탕자가 하던 것처럼 '내가 일어나 아버지께 가서, 아버지, 내가 하늘과 아버지께 죄를 지었습니다.'라고 하세요. 그러면 아직 멀리 있어도 아버지가 보고 달려와 맞아 주실 거예요. 그분은 비난하지 않으시고 누더기를 완전하고 빛나며 닳아지지 않는 그리스도의 의의 옷으로 갈아 입혀 주실 것입니다.

구원에 대해서 분명한 견해를 갖는 것이 매우 중요합니다. 그리스도께서 다 이루신 일을 그분이 현재 하고 계신 일과 성령의 역사와 혼돈하여 생각하지 말기 바랍니다. 대속은 완성된 일입니다. 갈보리에서 끝난 일입니다. 그곳에서 예수께서는 세상에 있는 과거와 현재와 미래의 모든 죄를 담당하셨습니다. 예수께서는 십자가에서 생명을 내놓으시면서 '다 이루었다고' 선포하셨습니다. 예수님의 부활은 그 진리를 능력으로 분명히 하신 사건입니다. 더 이상 지체하지 말고 이 편지를 읽는 즉시로 죄인의 자리에서 이렇게 고백하세요. '아버지여, 제가 죄를 지었사오니 당신이 약속해 주신대로 예수님 이름으로 저를 용서해 주세요.'

구원 계획

THE PLAN OF SALVATION

내가 기독교인이든, 이교도이든, 무신론자이든, 아니면 내가 믿건 안 믿건 우리의 죄는 대속을 받았다. 이제 내가 정죄하는 것은 내가 죄인이라는 사실 때문이 아니다. 죄인 아닌 사람이 어디 있는가? 다만 빛이 세상에 왔는데도 내가 빛 보다 어두움을 더 사랑한다는 사실 때문이다. 그렇다면 내가 구원을 받기 위해서 무엇을 해야만 하는가? '주 예수 그리스도를 믿으라. 아들을 믿는 자에게는 영생이 있고 사망에서 생명으로 옮겼느니라.' 만일 내가 내 죄가 너무 막중해서 용서 받을 수 없다고 두려워한다면 죄가 모두 완전히 속죄되었다는 사실을 잊고 있는 것이다. 하나님께서 기꺼이 나를 용서하시는 것을 의심하면 그분을 거짓말쟁이로 만드는 것이다. 그분 말씀에 '우리가 우리 죄를 고백하면 그는 미쁘시고 의로우사 우리를 죄에서 용서하실 것이요.'라고 했다. '그분이 원하시면'이라고 하지 않고 '그분이 미쁘시고 의로우시기 때문에'라고 했다. 왜 그런가? 우리 빚을 대신 감당하셨다는 것이다. 우리가 고백했는데 그것을 다시 요구한다면 미쁜 것도 아니고 의로운 것도 아니다. 고백하는 것은 우리가 해야 할 일이다.

그런데 만일 내가 '나는 이것을 전부 믿는다. 그런데 내 죄에 대해서 내가 충분히 애통해 하지 않는 것 같다.'라고 말한다고 하자. 내가 바라보아야 할 것이 내 감정인가 그리스도의 속죄인가? 내가 해야 할 일은 죄인으로서의 나의 위치를 단순히 인정하는 것뿐이다. 내 죄를 고백하고 예수님의 속죄를 내세웠다면 하나님께서는 미쁘시고 의로우시기 때문에 내 죄를 용서하시고 나를 모든 불의에서 깨끗하게 해주신다고 나는 믿는다.

또한 하나님은 구하는 자에게 성령을 주신다고 약속하셨다. 그분은 미쁘시기 때문에 내가 원하는 것을 주실 것이다. 그런데 내가 그런 느낌이 들지 않는다는 생각이 든다면 내 구원이 감정에 달려 있지 않고 믿음에 달려 있는 것임을 기억해야 한다. 죄에 대해 느끼는 슬픔이나 용서 받은 기쁨의 감정은 성령의 열매이지 의롭게 되었다는 근거로 제시할 수 있는 것이 아니다. 사탄은 유혹할지 모르지만 내 닻은 견고하기 때문에 나는 여기에 남아 있다.

내가 그리스도를 영접하면 그분은 나에게 하나님의 자녀

가 되는 권세를 주시고 열매를 맺게 하신다. 나의 용서와 용납은 오직 예수님께서 다 이루신 속죄의 사역 덕분인 것이다. 이제 그분은 나의 중재자이고 변호자이시다. 성령의 열매는 내가 그리스도 안에 있으면서 성령의 선물을 받은 결과로 맺어지는 것이다.

주님의 일터

THE LORD'S VINEYARD

사역자가 필요하다는 편지– 1855년 10월 25일자

From a letter dated Oct. 25, 1855, on the need of workers

이 충밍 섬은 길이가 100km 넓이 30km 정도 되는 크기이다. 인구는 백만에서 이백만 사이인데 버든 선교사와 내가 방문한 것 외에는 아무도 발을 디디지 않은 주님의 일터이다. '내 영혼에 대해서 아무도 관심을 가지지 않는다.'고 그곳 주민이 말하지 않을까?

주님의 일터에 일꾼을 부르는 것은 내 몫이 아니다. 추수의 주님만이 그 일을 하실 수 있다. 그런데 영국의 기독교인 중에서 수천 명이 선교회에 가입하고서 자기가 해야 할 의무를 다 감당했다고 생각하는 것은 좋은 징조일까?

한 번도 다가가지 않은 사람들이 수백 만 명이 있고 한 번도 방문하지 않은 마을도 수천 개씩 있다. 방문하는 선교사는 가끔 있지만 결코 다시 그곳으로 돌아가지 않는다. 그들이 메시지를 믿을 것 같은가? 아니면 그저 재미로 놀러왔다고 생각하겠는가? 그 사람들은 생각할 것이다. '이것은 중요하지 않은 외국 교리에 지나지 않는 거야.' 영국에서는 마음이 굳어 있어서 복음을 받아들이지 않는데 여기는 그 지식이 없어서 수백 만 명이 죽어가고 있다. 모든 사람이 하나님 앞에서 질문을 해봐야 한다. '상황이 이러한데 내가 본국에 머물러 있는 것이 정당한 일인가?' '내가 그 일에 부르심을 받았는가?' 하고 누군가는 질문을 해봐야 한다. 그렇게 하는 사람이 많은 것이 마땅한 일이다. 왜냐하면 그것이 가장 중요한 질문이기 때문이다. 그런데도 '온 천하에 다니며' 라는 명령에 순종하지 않고 '내가 가지 않는 것이 정당한가?' 라고 질문하는 사람이 왜 그렇게 적은가?

나는 최근에 감리교 사이에 분리가 일어난 후(1849년 탈퇴), 현지 목사, 리더 그리고 신자들이 그렇게 많이 떠났고, 마을에서 사역하는 전도자들에게 기금과 필요한 것들이 곧 거의 다 채워진 것을 보고 매우 충격을 받았다. 어떻게 그렇게 되었는지에 대해서 조금 아는 바가 있지만 이러한 결론을 내릴 수밖에 없었다. 만일 사람이 그렇게 할 수 있었다면, 이 모든 사역자들이 선교지로 나갔다면 능력의 주께서 본국의 사역이 상실로 고통 받도록 내버려 두셨을까? 나는 당신이 한 번 그렇게 생각해 보기를 권한다. 그럴만한 가치가 있을 것이다.

오직 하나님만 바라보기

LOOKING TO GOD ALONE

20일

1856년 5월 벤자민 브룸홀에게 보낸 편지

From a letter, dated May 1856, to Benjamin Broomhall

주님의 뜻을 더욱 많이 구하면서도 자네가 지닌 빛을 따라서 걷는 것이 중요함을 잊지 말게. 그 일에 부르심을 받았다고 생각한다면 때와 방법에 대해서는 걱정하지 말게. 주께서 모든 것을 명백하게 해 주실 걸세. 믿음의 눈으로 예수님을 바라보면 바람과 파도가 친다고 해도 물 위를 걸을 수 있지. 얼마 전 선교회의 기금이 약간 내려간 것 같은데 전쟁 때문이겠지. 그러나 나에게는 영향이 없다네. 다른 경로를 통해서 나 개인이 쓸 것과 다른 용도로 쓸 것이 들어와서 당분간 선교회에서는 돈을 찾아 쓰지 않아도 되겠네. 아마도 6개월 동안은 손에 쥔 것으로 쓸 수 있겠네.

그리고 바로 지난번에 헌신된 그리스도의 종인 소중한 친구가 편지를 보냈는데 지난 6개월 동안 100파운드를 보냈고 지금 하고 있는 것에 더하여 무엇인가를 더 돕고 싶다는 의향을 전해 왔다네. 참으로 자네가 진심으로 말한 대로 만일 우리가 하나님의 뜻을 행하고 있다면 상황이 방해가 되지 못하고 아무런 위험도 그 일을 막지 못하네. 그분이 계획하시는 것을 방해하거나 좌절하게 하지 못할 것이네.

내가 자네에게 다른 사람의 움직임과 상관없이 자네 개인을 위해서 하나님께서 어떤 방향으로 인도하시는지에 대해서 진지하게 기도해 보기를 부탁해도 자네는 이해할 줄 믿네. 모두가 하나님 앞에서 개인적으로 감당해야할 의무가 있지. 다른 사람의 대리인으로서는 바로 그 의무를 감당할 수 없다네. 그 일이 옳든 그르든 다른 사람 때문에 내가 대신 일을 맡을 수도 없어. 우리는 맡겨진 일을 수행 하는데 있어서 다른 사람을 통해서 우리에게 주시는 모든 도우심에 대해서 하나님께 감사할 수 있고 또 감사해야만 하지. 그러나 다른 사람은 생각하지 말고 우리의 길을 분명히 볼 수 있기 위해 애써 보세. 그러면 어떤 시련이나 어려움이 닥쳐도 그 안에서 위로를 발견할 것이고 육체의 힘을 의지하지 않을 것일세. 주께서 매제를 축복하시고 인도해 주시기를 바라네. 언제나 그분의 신실하심에 흔들리지 않고 기대기를 바라네.

21일

유일한 참 안식
THE ONLY TRUE REST

1856년 8월 어머니에게 쓴 편지

From a letter, dated August 1856, to his mother

어머니께서 사랑으로 해주신 기도가 풍성하게 응답되어 감사드립니다. 시련의 한 가운데서 하나님께서 풍성하게 그 사랑을 보여주셨습니다. 그분의 지원은 위로만이 아니었습니다. 그분의 지혜, 은혜, 능력, 사랑을 한껏 기뻐하도록 해주셨습니다. 그것은 어머니의 약한 믿음으로 기대했던 보다 훨씬 더 큰 것이었습니다. 오, 정말입니다! 오직 주께서 그분의 사랑을 나타내 보이시면 슬픔 가운데 기뻐하고, 시험을 당해도 위로를 받으며, 곤란을 당하나 넘어지지 않고, 사별을 해도 절망하지 않습니다.

저는 맥스웰 부인처럼 '그분께 내 모든 마음을 드렸다.'고 고백하지는 못합니다. 제가 너무 무력하고 무능하기 때문에 세상에서 좋아하는 것을 완전히 억누를 수 없고 흙에 지나지 않는 것에서 떨어질 수가 없습니다. 그러나 이렇게는 기도드릴 수 있습니다. '주님, 그것을 가져가세요, 가져가세요. 주님이 다시 오실 때까지 그것을 간직해 주세요.'

(모든 것을 다 도둑맞았다고 한참 설명을 한 후에 그는 계속한다.) 어떤 때는 제가 정착할 수나 있을까 의심이 들기도 합니다. 거할 곳이 속히 안정되었으면 좋겠습니다. 그리고 동료가 있어서 모든 기쁨과 슬픔, 수고와 격려를 함께 나눌 수 있으면 얼마나 좋을까요? 그러나 유일한 참 안식은 예수께서 어디로 가시든지 그분을 따라가는 것이고 참된 휴식은 그분과 함께 일하는 것입니다. 그래서 조용한 삶을 고대하다가도 일주일만 지나면 또 가서 예수님의 사랑을 다시 전하고 싶어집니다.

어머니는 고향에서 완전히 혼자가 된다는 것이 어떤 것인지 결코 모르실 겁니다. 친구 한 명도 없이 모두가 어머니를 바라본다고 생각해 보세요. 호기심, 경멸, 의심, 혐오의 눈으로 저를 바라보는 겁니다. 그래서 사람에게 멸시 받고 거절당하는 것이 무엇인지를 배웁니다. 머리 둘 곳이 없다는 의미도 배웁니다. 그러면 성령께서 예수님의 사랑- 그분의 거룩하고 자기를 부인하는 그 사랑을 마음에 주셔서 올 가치가 있었다는 고백을 하게 됩니다.

오! 예수님와 그분의 부활의 능력, 그 고난에 참예함을 더욱 알고 그분의 죽으심을 더욱 본받기를 소원합니다. 육신은 이렇게 말할 것입니다. '네가 무엇을 구하는지 알지 못하는구나, 그런 기도는 드리지 말지.' 그러나 '하나님은 사랑'이십니다.

주의 행사를 말하리라.

I WILL TALK OF THY DOINGS

1856년 9월 누이 아멜리아에게 보낸 편지

From a letter to his sister Amelia, dated Sept. 1856

옛 시편 기자는 '오, 나와 함께 주를 광대하시다 하며 주의 이름을 높이세.'라고 했다. 그것은 지금도 주의 백성들이 경험하는 말씀이다. 그분은 우리에게 서로 권하여 모이기를 폐하지 말라고 하셨다. 그리스도인들에게는 교제가 필요하다. 옛적에 '주를 경외하는 자들은 자주 서로가 서로에게 말을 하였다.' 비교적 짧은 세월 내에 감리교가 본국에서나 해외에서 현재의 위치에 도달하게 된 것은 틀림없이 바로 이 원리를 따랐기 때문이다. 우리는 예수님을 소중히 느끼는 것도 필요하지만 측량할 수 없는 그분의 가치에 대해서도 입을 열어 말해야 한다. 그분의 사랑을 경험할 뿐 아니라 동시에 그분이 인생을 다루시는 방식에 대해서도 말해야 한다. 그래서 시험의 때에 서로의 짐을 져 주어야 한다. 그것은 목사에게나 일반 백성들에게, 또 본국에 있는 사람들에게나 선교사들에게 모두 필요하면서도 실제 그렇게 하기는 매우 어렵다.

'그러므로 사랑을 받는 자녀 같이 너희는 하나님을 본받는 자가 되고 그리스도께서 너희를 사랑하신 것 같이 너희도 사랑 가운데서 행하라 그는 우리를 위하여 자신을 버리사 향기로운 제물과 희생제물로 하나님께 드리셨느니라.'는 말씀을 오늘 좀 생각하고 있었다. 이 말씀에서 얼마나 많은 것을 배울 수 있는지!

우리가 그분을 따르려고 한다면 다른 이의 범죄를 용서할 수밖에 없고 악을 거부하지 않을 수 없다. 대신에 이타적이고 희생적인 사랑을 가지고 모든 사람들, 심지어 원수까지라도 그들이 잘 되기를 구해야 할 것이다. 예수님은 우리를 위해서 당신의 능력과 영광, 명예와 통치, 기쁨과 부요함을 충만히 남겨주셨다. 그러니 우리가 어떻게 이방인의 복지를 구하지 않고 동료 기독교인의 선을 위해 구하지 않을 수 있겠는가?

어떻게 그렇게 많은 그리스도인들이 자신을 드려야 함에도 불구하고 선교회에 기부를 하는 것으로 만족할 수 있는가? 사탄은 참으로 교묘하고 강력한 방식으로 방해를 한다. 오, 우리가 모두 주님이 현재의 분깃이 되시는 것을 깨달을 수 있으면 좋겠다. 미래만이 아니라 우리가 현재 받을 수 있는 분깃으로 말이다. 그러기만 한다면 많은 사람들이 이방인에게 복음을 전하는 일에 자신을 드릴 것이라고 생각한다. 주

께서 너희를 축복하시고, 그분을 섬길 힘을 주시며 빛나게 타
오르는 빛이 되게 해 주시기를 빈다.

memo

하나님께 드리기를 보류하는 것

ON WITHHOLDING FROM GOD

기꺼이 딸을 포기하지 못하는 아버지에게

To a father unwilling to give up his daughter

제가 너무 이기적이고 무감각해서 아버님이 느끼실 고통을 생각하지도 못하고 공감하지도 않았다고 생각하지 말아 주시기를 바랍니다. 그렇게 사랑하는 자녀와 헤어질 때 얼마나 괴로우실지 알고 있습니다. 따님의 안전을 걱정하며 두려워하시는 모습도 제 마음에 생생하게 그려집니다. 그럼에도 불구하고 아버님께서도 독생자를 주신 하나님께 따님을 드리지 못하겠다고는 하실 수 없고 그렇게 하지도 않으실 것으로 압니다. 그 따님은 아버님께 가장 아름답고 특별한 보물이지요? 그러면 주님께 제단 앞에 드릴 수 있는 그러한 자녀가 있는 것에 기뻐하십시오. 그분께서 절거나 흠이 있는 제물을 받으시겠습니까? 아니지요! 하나님께는 양떼 중에서 처음 난 것을 순전하고 흠 없는 것으로 드려야 하지요. 그분께서는 그러한 제물만 받으실 것입니다.

아버님께 이삭을 죽여서 바치라고 하시지 않고 주님께 사무엘과 같이 드리라고 하실 때, 우리가 청지기일 뿐임을 기억하시고 충실한 청지기가 되어 주실 것을 의심하지 않습니다. 우리는 하나님을 따르는 자로 부르심을 받았습니다. 그분은 세상의 생명을 위해서 당신의 아들을 기쁜 마음으로 주셨습니다. 우리는 예수님을 사랑하는 자들로서 '온 천하에 다니며 만민에게 복음을 전파하라.'는 그분의 명령을 따르라는 말씀을 받았습니다. 아버님께서는 하나님께서 따님을 은혜로 부르셔서 그분을 섬기라고 하시는 것을 막지 않으시겠지요. 따님이 가는 길을 어쩌면 세상은 알아주지 않을 것입니다. 세상은 머리에 화관을 씌워주지 않을 것이고 그 길에는 장식이나 위엄도 없을 것입니다. 그러나 유일하게 참된 주권자이시고 왕의 왕, 주의 주가 되신 분의 대사가 되는 것보다 영예로운 일이 또 어디 있겠습니까? 그리고 이 후에는 결코 시들지 않는 영광의 면류관이 있습니다.

위에서 주신 지혜로 밝혀진 우리 영혼들이 알지 못하는 영혼들에게 생명을 등불을 비추지 않고 갖고 있겠습니까? 우리가 그럴 수 있을까요? 그렇다면 지금은 우리가 아직도 하나님을 무시하다가 고통 가운데 있는 자들인지 아닌지 먼저 우리 자신을 살펴보아야 할 것입니다. 우리는 자신의 영혼이 얼마나 가치가 있는지를 아는 사람을 원합니다. 자신이 얼마나 무서운 운명에서 피해 나왔는지를 알고 감사하는 사람, 자기들을 위해 하늘에 영광스러운 유업을 간직하셨음을 기쁨으로 깨닫고 있는 사람, 그리고 아직 어두움에서 벗어나지 못한 사람들의 상태에 대해 아는 사람을 원합니다.

memo
_____
_____
_____
_____
_____
_____
_____
_____
_____
_____
_____

인간과 하나님의 사랑

HUMAN AND DIVINE LOVE

누이 아멜리아의 결혼에 붙여

To his sister Amelia on her betrothal

네가 약혼을 통해서 영적인 유익을 얻는 기회가 되면 좋겠다. 너는 아마도 그렇게 하고 있겠지. 또 그래야만 하고. 이러한 감정은 하나님께서 마음에 심어주신 것이고, 관련된 모든 환경도 현세의 행복뿐 아니라 지고地高의 영적 선善을 주시려고 그분이 허락하신 것이야. 그래서 그러한 모든 상황을 통하여 주시려는 축복을 받는 것이지. 성령께서는 그러한 감정을 하나님과 하나님의 백성 사이의 사랑과 관계를 예표하는 것으로 성경 도처에서 사용하고 계시다.

남편을 사랑하는 만큼, 아니 그 이상으로 예수님을 사랑해야 한다. 그가 너를 떠나면 슬프고 외롭니? 예수님이 안 계실 때도 그렇게 되어야 한다. 연합의 완성을 사모하니? 예수님이 다시 오셔서 너를 데리고 가실 날도 그렇게 사모해야 한다. 아낌없이 남편을 섬기고 있니? 아니 그 용어는 너무 계산적이어서 냉정하지 않느냐고 말하겠지. 그래 아낌없이 맘껏! 그것은 기쁨이고 즐거움이며 마음에 소원하는 바이지. 너는 바로 그렇게 예수님을 섬겨야 한다. 너희들이 하나가 되는 것을 방해하는 것은 제거하고 속히 하나가 되기 위해 무엇이든 하겠지? 그렇게 주님의 재림을 바라보고 재촉하기 바란다. 모든 일에서 예수님을 보아라, 그러면 모든 것에서 축복을 발견할 것이다.

예수님을 앙망해라! 모든 일을 그분을 위해서, 그분 안에서 하는 것처럼 그분의 안내와 그분이 주시는 힘을 받아서 해라! 그리스도는 모든 것이 되시고 모든 것 안에 임재해 계신다. 그리고 참으로 그분께서 너에게 당신을 친히 풍성하게 계시해 주시기를 빈다.

이 주제에 대해서 긴 강의를 하는 것으로 생각하겠지. 그러나 나는 네 결혼의 행복은 이러한 것을 깨닫고 실천하는 데 있다고 확신한다.

남편은 그리스도께서 교회를 사랑하신 것 같이 너를 사랑해야 하고 너는 교회가 그리스도께 사랑과 영예와 순종을 드리는 것처럼 남편을 사랑하고 존중하며 남편에게 순종해야 한다. 그렇지 않으면 하나님이 의도하신 축복을 받지 못할 것이다. 그리고 또 하나는 너는 무엇을 하든지 하나님의 영광을 위해서 해라. 그분의 영광을 찾고 그분의 뜻을 행하면 행

복은 덤으로 주어질 것이다. '제 뜻대로 마옵시고 당신의 뜻
대로 하소서.'라고 실제로 자주 구하는 것이야말로 가장 유용
한 기도일 것이다.

하나님의 전진前進 계획

GOD'S PLANS GO FORWARD

1857년 4월에 어머니께 보낸 편지

From a letter to his mother, dated April 1857

지금 중국은 위기의 때입니다. 나라가 열릴 수도 있고 곧 닫힐 수도 있습니다. 우리는 기회가 있을 때 일을 해야 합니다. 그리고 만일 하나님의 섭리로 우리가 잠시 일을 멈춰야 한다면 그분께서는 이미 심은 씨앗을 파종자의 도움이 없어도 싹이 나게 하실 것입니다. 그분의 전진 계획은, 이 시기 우리에게는 매우 상황에 역행하는 것으로 보일 수 있지만, 그것은 우리의 불완전한 머리에서 나온 생각입니다. 우리가 은혜에서 자라서 우리 주인이 쓰실 만한 그릇이 되게 해주시기를 빕니다. 그러면 주께서는 곧 우리 구주 되신 하나님의 영원한 왕국에 들어가는 문을 열어 주실 것입니다.

우리에게는 분깃이 있습니다. '우리를 사랑하는 분은 우리의 것이고 우리는 그분의 것입니다.' '그분은 아무런 점이나 흠이 없어서 인자들보다 더 아름다우십니다.' '그분의 이름은 쏟아진 향기와 같습니다.' 우리에게 더 많이 주님을 계시해 주소서. 날마다 그분을 더욱 많이 보게 하소서. 비록 어두운 거울을 통해서라도 그분을 바라보면서 그분을 더욱 닮아가게 하소서. 그분과 함께 있기를 사모하고 그분처럼 되기를 사모하게 하소서. 그분처럼 죄에서 해방되어 그분처럼 순결하고 거룩하며, 그분처럼 하나님을 기쁘시게 하고 그분처럼 슬픔, 고통, 눈물에서 벗어나게 하소서. '우리는 깨어날 때에 그분의 형상으로 만족할 것입니다.' '그분 앞에는 충만한 기쁨이 있고 그 오른 손에는 영영한 희락이 있습니다.'

저는 최근에 많은 시험이 있었습니다. 모든 일을 하나님의 영광을 위해서 하지만 하는 일마다 자아와 죄가 섞여 있습니다. 오! 우리에게는 우리 예수님이 얼마나 꼭 필요한 분이신지요. 몰락한 죄인에게 완전한 의가 되시고, 더러운 누더기 대신에 빛나는 옷이 되어 주십니다. 불쌍한 자에게 금, 곧 제련한 정금이 되시고 눈먼 자에게는 시력이 되십니다. 귀하신 예수님을 더욱 사랑하게 하소서. 세상을 향해 죽음으로 더욱 우리의 사랑을 나타내게 하소서. 얼마 안 되어 우리는 더욱 순결하고 더 강렬한 사랑으로 사랑할 것이고 우리 앞서 가신 주님의 발자취를 따라가기에 합당하다고 여겨주시기 때문에 기뻐할 것입니다. 그분은 지금 우리를 위해서 휘장 안에서 우리 죄를 위한 희생을 가지고 항상 간구해 주고 계십니다.

인도를 구할 때

ON SEEKING GUIDANCE

1857년 4월 장래 매제가 될 B.B에게

To his future brother-in-law, B.B. under date April 1857

나는 몇 가지 면에서 자네가 외국 선교에 헌신하는 일에 아직 마음을 정하지 못하고 있는 것이 유감이네. 그러나 마음 속에 그렇게 오랫동안 강하게 그 마음을 품고 있으니 그 자체가 일종의 징조라고 생각되어 기쁘다네.

우리가 그 시기를 언제로 정할지는 생각하지 말고 길든지 짧든지 주님의 시간을 기다리는 것이 좋겠네. 그러면 주께서 당신의 때가 되면 우리에게 해야 할 일을 보여주시겠지. 믿음으로 걷는다고 해도 언제나 가야할 길의 문이 열릴 것이라고는 기대하지 말게. 이스라엘 백성이 광야에 있을 때, 하나님께서 그 길을 인도해 주셨네. 백성들은 구름이 언제 신호로 떠올라서 떠나야 하는지, 그것이 낮일지 밤일지 알지 못했지. 구름이 떠오르면 어느 방향으로 얼마나 멀리 가야하는지도 알지 못했어. 민수기 9장의 설명을 읽어보게. 하나님께서 우리를 인도하실 때도 마찬가지이지. 불신앙의 눈으로 보면 어떤 때는 시간 낭비를 하고 있는 것도 같고 뒤로 가는 것 같이 보일 때도 있을 것이네. 실제로 뒤로 물러갈 수도 있고. 그러나 그것이 주님의 방법이며 결국 그 끝은 약속의 땅이지.

진지하게 그분의 뜻을 알려는 단순한 소원을 가지고 기도하며 그분의 인도를 기다리는 것은 절대로 낭비하는 시간이 아니네. 오히려 이러한 마음과 믿음의 훈련은 육신에는 견디기 어려운 일일지 몰라도 인간이 고안한 모든 신학 강의보다 확실히 더 효과적인 훈련이 될 것이네. 계속해서 예수님을 앙망하며 그분의 충만함을 받고 그분의 가르침에 취하며 그분의 자취를 따라 가기 바라네. 그러면 빛과 기쁨, 그리고 자유가 자네의 것이 될 것이네.

만일 계속해서 진지하게 선교를 위해서 기도했는데 아직도 그것이 자네 마음에 머물러 있거든 그것을 버리려고 하지 말게. 내가 이렇게 덧붙여도 좋겠나? —내 마음에 그런 이유가 매우 무겁게 차지하여 큰 부담이 되던 때가 있었기 때문이네. —만일 선교회나 종교 단체 때문에 어렵고 방해가 된다면 자네의 양심에 무리하게 강요하지는 말게. 어떤 식으로든 금전적인 것이 문제가 되지 않도록 하게. 주께서 공급해 주실 것이네. 그분께서 그렇게 말씀하셨고 그것은 나나 많은 사람들이 경험해서 증명한 것일세.

27일 나의 하나님이 공급하시리라

MY GOD SHALL SUPPLY

1857년 4월 장래의 매제에게

To his future brother-in-law, under date April 1857

다른 곳에서는 공개하지 못할 말을 하겠네. 나는 급료를 정하고 이곳에 왔는데 그것이 부족하였네. 그래서 한 동안 매우 고통스럽고 견디기 어려운 상태였지. 그렇지만 주께서 다른 방법으로 돕는 손길을 보내주셨네.

그때 이후로 선교회는 내게 필요한 것을 그 근사치만큼도 보내주지 못했는데, 나는 여러 다른 경로를 통해서 공급을 받았을 뿐 아니라 다른 사람이 필요할 때 도와주기까지 할 수 있었네. 선교비는 내 개인 경비나 개인 선교비를 제외하고도 전부해서 일 년에 £100 이상 필요하다네. 내가 이 말을 하는 것은 자랑하고 싶어서가 아니라 주님을 신뢰하는 것은 헛된 일이 아님을 보여주고 싶어서이네. 영광은 그분이 받으셔야 하는 거지.

올해 내가 개인적으로 쓴 비용은 그리 많지 않았다는 말을 덧붙여야겠네. 도둑맞은 것이 £50 이상이었고 그 중 많은 부분을 채워 넣어야 했지. 주님은 필요할 때 돈을 주시네. 자네도 알다시피 어떤 때는 한 달 비용이 다른 때의 세 배나 되어 우리가 감당할 수 없을 때도 있어. 이제 우리 아버지는 우리가 필요한 것도 아시고 당신 백성이 부르짖어 기도하는 것도 들어주시네. 선교회와 연관 없이 또는 아무런 급료 없이 자네를 나오라고 재촉하지 않으려네. 그렇지만 그렇게 연결되지 못하는데도 부르심이 있어서 오려고 한다면 아버지의 사랑을 믿고 자유롭게 기쁜 마음으로 오게나. 부르심이 있다면 그것이 가능할 것이고, 그분에 대한 이러한 신뢰가 없다면 여기에서 매우 어려울 것이네. 내지로 더 들어간다면 사역의 성격상 인간에게 기댈 수 있는 어떤 보호막도 없기 때문일세.

내 마음이 싸늘하고 열심히 부족해서 많이 자책하고 있네. 오! 예수님께서 휘장을 걷으시고 당신의 아름다움을 우리에게 밝히 보여주시면 참으로 행복하겠네. 오! 지금도 믿음으로 우리의 소중한 예수님을 계속 바라볼 수 있고, 그분의 말씀을 받을 수 있으면 정말 좋겠네. 사람이 해 주는 설명은 아무런 소용이 없네.

28일

전적全的인 순종

ENTIRE SUBMISSION

1857년 5월 누이 아멜리아에게 쓴 편지

From a letter to his sister Amelia, dated May 1857

오늘 밤 너와 30분이라도 이야기를 할 수 있었으면 좋겠다. 하고 싶은 이야기도 많고 듣고 싶은 이야기도 많구나. 자유롭게 교제할 수 있는 사람을 얼마나 소원했는지 모른다. 그러나 아버지께서는 현재로서는 그런 것이 없는 것을 가장 좋게 여기시니 나는 감사함으로, 비록 육체는 거역하지만, 고통스러운 하늘의 섭리 가운데 있는 그분의 사랑을 받을 것이다. 보이지 않는 것들의 증거인 믿음이, 세상을 이기는 승리를 우리에게 주고 그분 -비록 '받으신 고난으로 온전하게 되신 아들이지만 -을 따르기에 합당하게 여겨주신 것에 대해서 기뻐할 수 있게 해 준다. 어떤 때는 우리에게 닥친 시련이 우리 힘의 한계를 넘어가는 것으로 보였지만, 그분은 기꺼이, 그리고 능히 우리를 도우시고 지탱해 주지 않으신 적이 없었다. 그래서 우리 마음이 그분의 뜻에 전적으로 순종하고 그 뜻이 이루어지기만을 소원하게 되있다. 그러자 우리에게 당한 환난이 얼마나 적고 가벼워 보이는지!

최근에 매우 큰 시련을 겪었다. 주된 원인은 하나님의 손에 나의 힘을 온전히 순종하고 수동적이 되는 태도가 부족했기 때문이었다. 오! 전심으로 그분의 뜻이 이루어지기를 소원하고, 오로지 그분의 영광을 구하며 우리의 소중한 예수님의 충만을 더욱 깨닫고, 더욱 그분의 얼굴빛에서 살며 그분이 주는 것에 만족하기를 소원한다. 그분이 주시는 은혜에 감사하고, 언제나 그분을 앙망하며, 그분의 자취를 따라 걷고, 그분께서 속히 다시 오시기를 간절히 기다릴 수 있게 되기를...제발 그렇게 되기를 간절히 소원한다.

우리는 왜 그렇게 주님께 대한 사랑이 적은지? 그분이 사랑스럽지 않아서가 아니다. 그분은 매우 사랑스러우셨다. 완전히 사랑스러우셨다. 그분이 우리를 사랑하지 않아서도 아니다. 그 사랑을 갈보리에서 보이지 않으셨는가? 오, 시간마다 순간마다 그분의 임재를 사모하며 배고파하고 목말라하기를 소원한다. 하나님께서 나의 필요를 모두 채우시고, 예수님께서 나의 모든 기쁨이 되시며, 그분을 섬기는 것이 나의 소원이게 하시고, 그분 안에 안식하는 것이 내 모든 희망이기를 기도드린다.

흘끗 본 하나님의 영광

A GLIMPSE OF HIS GLORY

29일

1854년 10월 19일 새벽 4시
몹시 어려움을 겪던 상황에서 누이 아멜리아에게 보낸 편지

A letter written amist much peril,

4 a.m. October 19, 1854, to his sister Amelia.

하나님의 위대하심을 묵상할 때 숭고해진다. 그분의 지혜, 권능, 무소부재하심은 모두 우리가 즐겨 상고하는 것들이다. 왜 그런가? 그것은 우리가 매우 잠깐 희미하게나마 하나님의 영광의 광채를 보았기 때문이다. 그 영광은 예수 그리스도의 얼굴에서 하나님의 인격이 표현된 것이었고 갈보리에서 배운 것이었다. 하나님은 사랑이시라고. 그러한 이유 때문에 우리는 그분의 다른 속성을 또한 즐겨 묵상한다. 그것은 곧 하나님 아버지의 속성이기도 하기 때문이다. 그렇게 묵상할 때 우리의 얼음 같은 마음은 다시 불타오른다. 그러한 생각을 하면 눈물샘이 터져 나오고 마음이 녹아내려 사랑과 감사로 경배하게 된다. 오! 그러한 것들이 우리 대화의 가장 가치가 있

는 주제가 되기를 바란다. 순간이라도 가려지거나 초점을 잃지 않게 되기를 바란다. 이 지식을 이방에 알리지 않겠는가? 이 영광스러운 진리를 사람들 앞에 선포하지 않겠는가? 하나님, 도우소서! 이 반역하는 마음에 거룩한 불로 세례를 주소서! 이 입을 열어 주소서! '우리를 사랑하신 그분'께 전적으로 헌신하는 마음이 흘러넘쳐 그 감정을 명료하게 전달할 수 있게 하소서!

다윗의 기도

THE PRAYER OF DAVID

홀로 기이한 일들을 행하시는 여호와 하나님

곧 이스라엘의 하나님을 찬송하며,

그 영화로운 이름을 영원히 찬송할지어다.

온 땅에 그의 영광이 충만할지어다. 아멘 아멘.

(시편 72: 18, 19)

Blessed be the LORD God, the God of Israel,

who only doeth wondrous things.

And blessed be his glorious name for ever:

and let the whole earth be filled with his glory;

Amen, and Amen.

(Psalm 72: 18, 19)

이 기도는 살아계신 하나님의 교회에서 아직도 드려야할 기도이다. 하나님이 우리에게 주시는 놀라운 기회와 축복으로 인하여 주님의 영광스러운 이름을 송축한다. 그러나 이 기도는 아직 성취되지 않았고 복음이 전해지지 않은 나라가 남아 있는 한, 아니 아버지께서 아들에게 주신 '다른 양'이 하나라도 남아 있는 한, 이루어지지 않은 것이다. 그 다른 양이 그분의 목소리를 듣고 죄의 어두운 골짜기에서 나와 안전하게 우리에 들기 전에는, 그들이 돌아오는 일로 인해 선한 목자와 그분을 사랑하는 사람들이 기뻐하기 전에는 이루어지지 않은 기도이다.

그 동안 그분은 일을 하고 계시다. "내 아버지께서 지금까지 일하시니 나도 일한다." 그리고 그분은 '그 일을 마치고' 온전하게 된 신부를 자신에게 데려오기 전까지는 쉬지 않으실 것이다. 선한 목사는 잃은 양을 찾기까지 찾으실 것이다. 자기 양이 어두움의 왕국에서 방황하고 있는데 그분이 어떻게 쉬실 수 있겠는가? '내 머리에는 이슬이, 내 머리털에는 밤이슬이 가득하였다.' 멸망해 가는 사람들을 구원하는 이 복된 일에서 그분과 더욱 깊은 교제를 나누지 않겠는가?

허드슨 테일러의 기도

A PRAYER OF HUDSON TAYLOR

1958년 7월 9일 닝보에서 쓴 편지에서

Found in a letter dated Ningpo, July 9, 1958

복되신 예수님, 친히 심장의 피를 흘리심으로 당신의 몸된 지체들을 구원해주신 주님, 당신의 성령으로 더욱 충만히 당신의 백성에게 세례를 베풀어 주소서! 그래서 지식이 없어서 멸망해 가는 이 백성도 살아 있는 만나를 배불리 먹고 생명의 빛을 가질 수 있게 하소서!

BLESSED Jesus, who did'st with Thine own heart's blood redeem each one of Thy members, wilt Thou not with more of Thine own Sprit baptize Thy people, that this people, perishing for lack of knowledge, may also be fed with living manna, and have the light of life!

1865년 허드슨 테일러가 창설한 중국내지선교회CIM: China Inland Mission는 1951년 중국 공산화로 인해 철수하면서 동아시아로 선교지를 확장하고 1964년 명칭을 OMFOverseas Missionary Fellowship INTERNATIONAL로 바꼈다. OMF는 초교파 국제선교단체로 불교, 이슬람, 애니미즘, 샤머니즘 등이 가득한 동아시아에서 각 지역 교회, 복음적인 기독 단체와 연합하여 모든 문화와 종족을 대상으로 예수 그리스도가 구세주이심을 선포하고 있다. 세계 30개국에서 파송된 1,300여명의 OMF 선교사들이 동아시아 18개국의 신속한 복음화를 위해 사역 중이다.

OMF 사명
동아시아의 신속한 복음화를 통해 하나님을 영화롭게 하는 것이다.

OMF 목표
하나님의 은혜를 통하여 동아시아의 모든 종족 가운데 성경적 토착교회를 설립하고, 자기종족을 전도하며 타종족의 복음화를 위해 파송되는 것을 목표로 한다.

OMF 사역중점
우리는 미전도 종족을 찾아간다.
우리는 소외된 사람들에게 관심을 갖는다.
우리는 복음을 전하는 일에 주력한다.
우리는 현지 지역교회와 더불어 일한다.
우리는 국제적인 팀을 이루어 사역한다.

OMF INTERNATIONAL–KOREA
한국본부: 137–828 서울시 서초구 방배본동 763–32 호언빌딩 2층
전화: 02–455–0261,0271/ 팩스 • 02–455–0278
홈페이지: www.omf.or.kr
이메일: kr.com@omfmail.com/ kr.family@omfmail.com